Vielen herzlichen Dank
all jenen Helfern hinter den Kulissen,
die dieses Buch erst ermöglicht haben:
zunächst einmal dem Eising-Studio Food Photo & Video
und seinen kreativen Mitarbeitern Martina Görlach
und Michi Koch für die einfühlsame Begleitung,
Martin Ley für seine spontane Hilfe,
Bea Hufelschulte für die klare Sicht der Dinge,
Kristina Runge und Andreas Püfke für Inspirationen,
Jelica, die stets aushalf, wenn Not am Mann war,
und Nicola Schnelldorfer für ihre Geduld.

Lydia Staltner
Vorsitzende Lichtblick Seniorenhilfe e.V

© MünchenVerlag, München 2011
Lioba Betten

Herausgeber: Projekt Lichtblick GmbH

Text und Redaktion: Bea Hufelschulte, Axel Spilcker
Food-Fotografie: EISING Studio - Food Photo & Video
Fotografie: Martina Görlach
Foodstyling: Michael Koch

Fotografie Titel und Rückseite: Fotostudio Martin Ley, München
5 Bilder Fotografie: Martin Ley, Foodstyling: Peter Greppmayr
Postproduction: Andreas Püfke
Bildbearbeitung: Color Gruppe, München
Gestaltung: Kristina Runge, München
Druck und Bindung: G. Peschke Druckerei, München

ISBN 978-3-937090-52-8

www.muenchenverlag.de

KOCHEN ZUM KLEINEN PREIS

Ein Lichtblick für jeden Tag!

MünchenVerlag

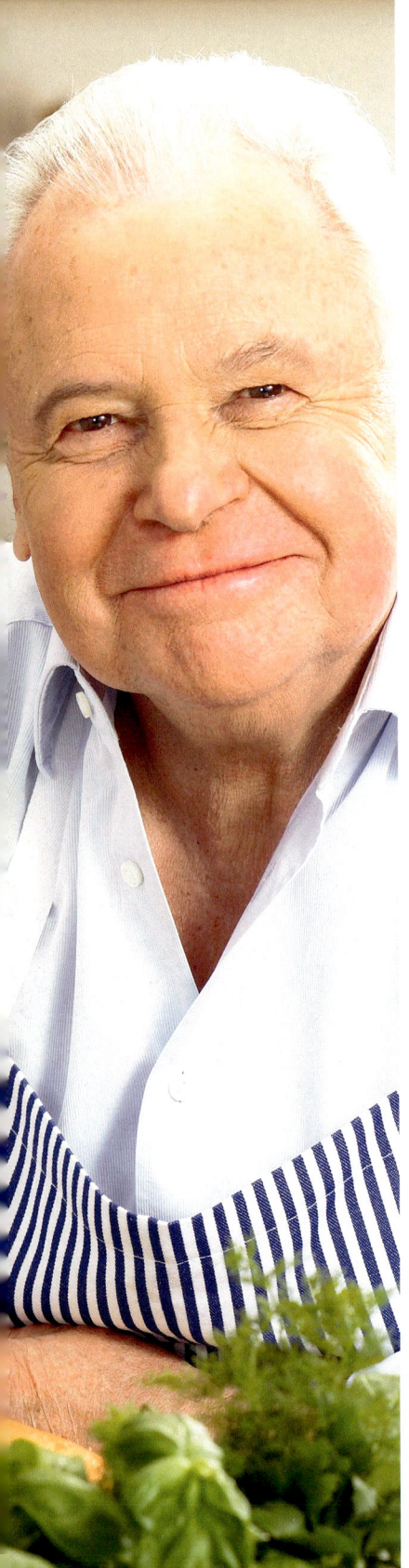

Liebe Lydia.

Es war für meine Freunde, Kollegen und mich eine Herausforderung der besonderen Art, sich bei diesem Buchprojekt einzubringen.

Die Erwartungshaltung an Köche in unserem Segment ist in der Regel eine andere: Die begehrtesten und häufig auch die teuersten Produkte bilden meist die Basis für unsere Küche.

Hier war die Aufgabenstellung eine andere: Es ging nicht wie üblich darum, spektakuläre Kreationen auf die Teller zu bekommen, bei denen der Preis eine untergeordnete Rolle spielt, sondern Gerichte und Rezepturen zu entwickeln, die älteren Menschen mit schmalen Geldbeuteln entgegenkommen.

Gerade dieser stetig wachsende Teil unserer Gesellschaft wird mehr und mehr ins soziale Abseits gedrängt, da bleibt eine vernünftige, ausgewogene und erschwingliche Ernährung leider oft nur ein frommer Wunsch.

Deshalb haben meine Kollegen und ich uns an dieses Buch gemacht. Wir wollten den Beweis erbringen, dass es auch mit bescheidenen Mitteln möglich ist, abwechslungsreich und köstlich zu kochen und zu essen.

Wir freuen uns über das Ergebnis, das Sie jetzt in Händen halten und wollen damit eine alte Weisheit neu bestätigen: Es gibt nichts Gutes, außer man tut es (Erich Kästner).

In diesem Sinne wünschen meine Kollegen und ich guten Appetit!

Eckart Witzigmann

Mensch, Eckart.

Es gibt kaum ein beglückenderes Gefühl, als zu spüren, dass man für andere Menschen etwas sein kann. Diesen Satz Dietrich Bonhoeffers habe ich für uns beide gewählt, weil er unsere Empfindungen am besten beschreibt.

Faschingsdienstag 2010 haben wir zusammengesessen. Ein Glas Wein, eine spinnerte Idee und plötzlich entwickelte sich aus der fidelen Plauderei ein Kochbuch mit Gefühl. Ein kulinarischer Lichtblick für alle, die Spitzenküche ohne großartige Schnörkel mögen.

Die Rezepte, einfach, aber mit Pfiff gemacht, sollen auch jene ansprechen, die auf den Euro schauen müssen.

Deshalb hast Du, der Jahrhundertkoch, Deine Freunde und Schützlinge eingeladen, sich mit ihren Kreationen einzubringen. Hans Haas, Karl Ederer, Jörg Wörther, Martin Fauster, Herbert Hintner, Andreas Mayer, Bobby Bräuer, Hans-Jörg Bachmeier, Dirk Brendel, Thierry Leoncelli – dank Deiner Initiative gibt sich ein Teil der Koch-Hautevolee aus Deutschland und Tirol die Ehre. Das Resultat kann sich sehen lassen.

Mensch, Eckart. Nun ist es fertig, das Kochbuch der etwas anderen Art. Rezepte, die keine 100 Zutaten brauchen, um den Gaumen zu überraschen. Gerichte, im Wandel von Omas Zeiten bis hin zur Moderne, aufgepeppt durch Kniffe von Küchenmeistern der Extra-Klasse.

Natürlich habt Ihr nicht umsonst gearbeitet:
Der Erlös aus dem Verkauf des Buches geht an bedürftige Rentnerinnen und Rentner, die mit ihren Einkünften kaum überleben können.

Dafür sage ich herzlichst Danke!

Lydia Staltner
Lichtblick Seniorenhilfe e.V.

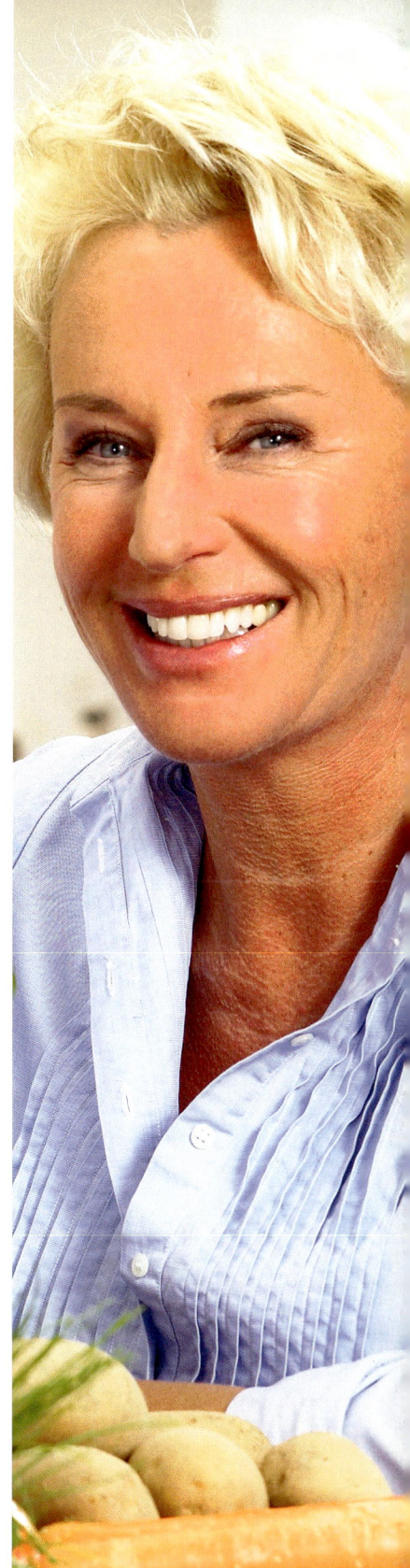

INHALT

ECKART WITZIGMANN

Hühnersuppe mit Grießnockerln	10
Beinfleisch	13
Kräuterquark	14
Flaches Omelette mit Paprika und Zucchini	17
Wurstsalat mit Tilsiter	19
Spagetti mit Tomaten, Basilikumöl und Mozzarella	20
Kartoffelgulasch	22
Kross gebratene Maischolle mit Senfbutter, Kapern und Speck	25
Rindergulasch	27
Fleischpflanzerl mit Kartoffelpüree	28
Schweinebraten mit Krautsalat	30
Topfen-Grieß-Schmarrn	33
Milchreis	34

HANS HAAS

Graupensuppe mit lauwarmer Forelle	36
Skrei im Brot gebraten mit Feldsalat und Senfmarinade	38
Arme Ritter mit Haselnüssen und Eierlikör	41

KARL EDERER

Brotsuppe mit Leber	42
Auberginen mit Orzo	44
Rieslingkraut mit Specknockerln	47

JÖRG WÖRTHER

Serviettenknödel mit brauner Butter und Käse überbacken	48
Feine Spitzkrautnudeln	50
Schwarzbrottoast mit Räucherlachs und Hüttenkäse	53

MARTIN FAUSTER

Kürbis-Paprika-Suppe	54
Spinatknödel mit brauner Butter und Parmesan	56
Breite Bohnen mit Schwarzwälder Schinken	59

HERBERT HINTNER

Lachs auf Berglinsen mit Vinaigrette von Rotweinzwiebeln	60
Tomatenschnitzel mit Kabeljaumousse	62
Schoko-Walnuss-Schmarrn	65

ANDREAS MAYER

Suppe von jungen Möhren mit Ingwer und Orangenschale	66
Filets vom Bachsaibling in Rieslingcreme-Soße	68
Brust und Keule vom Hähnchen in Dunkelbier geschmort	71

BOBBY BRÄUER

Spinatsuppe mit pochiertem Ei	72
Gebackenes Putenschnitzel mit Kartoffelsalat	74
Kleine Heidelbeerpfannkuchen	77

HANS-JÖRG BACHMEIER

Gratiniertes Kartoffelpüree mit Kohlrabi	78
Schweinekoteletts mit Knoblauch und Kümmel in Biersoße	80
Süßer Schwarzbrotauflauf	83

DIRK BRENDEL

Heringssalat mit Rote Bete	84
Blutwurstpfannkuchen mit Röstzwiebeln	86
Kassler auf Berglinsen	89

THIERRY LEONCELLI

Zucchini gefüllt mit Ziegenfrischkäse	90
Rindfleischtopf »Burgunder Art«	92
Französische Apfeltarte	95

ECKART
WITZIGMANN
München

Man nehme ein
großes Talent, einen
ungeheuren Ehrgeiz,
die Lust auf Abenteuer
und Genuss sowie eine
immense kulinarische
Fantasie. Vielleicht
bietet diese Rezeptur die
Erklärung für den Erfolg
von Eckart Witzigmann.
Seine Schüler nennen
ihn „die Mutter aller
Köche". Der Gault Millau
kürte ihn zum „Koch
des Jahrhunderts", die
schwedische Universität
Örebro zum Professor h.c.
Witzigmann, 69,
gebürtiger Österreicher,
errang in München
mit der legendären
„Aubergine" als Erster
in Deutschland drei
Michelin-Sterne.
Nun schreibt er mit
seinen Freunden ein
Kochbuch, das „über
den sozialen Tellerrand
hinausschaut und tolle
Rezepte zum kleinen
Preis bietet."

Hühnersuppe mit Grießnockerln

Suppenhuhn vierteln, waschen, mit ca. 2 l Wasser
in einen großen Topf geben. Halbe Zwiebel mit
Lorbeerblatt und Nelken spicken. Gemüse grob in
Stücke schneiden. Alles zusammen mit dem
Kräutersträußchen in den Topf geben, langsam
aufkochen lassen. Mit Salz und Pfeffer würzen.
Ca. 2 Stunden ohne Deckel kochen lassen. Schaum
nicht abschöpfen! Der sorgt für eine klare Brühe.

Nach der Kochzeit Brühe durch ein mit einem
Tuch ausgelegtes Sieb passieren.
Möhren- und Lauchstücke zurückbehalten.

Für die Grießnockerln Butter weißschaumig
aufschlagen. Grieß und Ei beimengen, durchmischen.
Mit Salz, Pfeffer und Muskat abschmecken.

In einem kleinen Topf Wasser aufkochen, salzen.
Mit zwei Teelöffeln die Nockerln abstechen, in das
kochende Wasser geben. Nockerln 10 Minuten
kochen, dann 10 Minuten ziehen lassen.

Fertige Nockerln zusammen mit Möhren-,
Lauchstückchen und Hühnchenfleisch in die Suppe
geben, mit Schnittlauch bestreut servieren.

Tipp: Ein Kräutersträußchen oder Bouquet garni verhilft vielen Suppen
zu einem eleganten Aroma. Am besten das Lauchblatt als Hülle außen um
die anderen Kräuter binden. Dann lösen sich weniger kleine Blättchen.
Brühe portionsweise auf Vorrat einfrieren!
So hat man auf die Schnelle immer eine leckere Suppe parat.

Zutaten für 4 Personen

1 Suppenhuhn (ca. 1 kg)
2 l Wasser
½ mittelgroße Zwiebel
1 Lorbeerblatt
3 Nelken
200 g Knollensellerie
135 g Möhren (geschält)
130 g Lauch
1 Kräutersträußchen
(3 Petersilienstängel,
1 Thymianzweig,
1 grünes Lauchblatt
mit Kochzwirn
zusammenbinden)
Meersalz, Pfeffer

Für die Grießnockerln
100 g Hartweizengrieß
1 Ei
50 g weiche Butter
Salz, Pfeffer, Muskat
Frischer Schnittlauch

Zutaten für
4 – 6 Personen

800 g Rinderbeinfleisch
Salz
1 kleine Zwiebel
1 mittlere Möhre
1 Petersilienwurzel
150 g Lauch
¼ kleine
Knollensellerie

Beinfleisch
von Eckart Witzigmann

Beinfleisch in einem Topf (Durchmesser 21 cm,
Höhe 14 cm) mit ca. 2 ½ Liter kaltem Wasser langsam zum
Aufkochen bringen, dabei den aufsteigenden Schaum
abschöpfen, salzen. Im offenen Topf ca. 1 ½ - 2 Stunden
ganz leicht köcheln (simmern) lassen.
Dabei darauf achten, dass alles stets von Flüssigkeit
bedeckt ist, eventuell noch Wasser zugießen.

Zwiebel ungeschält halbieren und mit der Schnittfläche auf
einem Stück Alufolie auf der Herdplatte schwarz anbraten.

Möhre, Sellerie und Petersilienwurzel schälen und waschen.
Vom Lauch das weiße Ende abschneiden und putzen.

Alles miteinander 40 Minuten vor Ende der Garzeit
hinzufügen. Wer mag, kann auch einen Petersilienzweig oder
Liebstöckel die letzten ca. 5 - 10 Minuten mitköcheln lassen.

Tipp: Das Beinfleisch in Scheiben schneiden und mit
etwas Brühe und dem Gemüse (mundgerecht geschnitten)
anrichten, dazu etwas geriebene Muskatnuss.
**Wer es schärfer liebt, kann auch frisch gehobelten
Meerrettich darübergeben.**

Kräuterquark

von Eckart Witzigmann

Quark, Ziegenfrischkäse und
Sauerrahm glattrühren, pikant würzen.

Kräuter fein schneiden,
Radieschen in feine Würfel schneiden,
untermischen.

**Zutaten für
2 – 4 Personen**

170 g Speisequark
(20% Fett i.Tr.)
4 TL Ziegenfrischkäse
150 g Sauerrahm
Salz
Cayennepfeffer,
weiß und schwarz
Tabasco
Zitronensaft
Reichlich Kräuter
nach persönlichem
Geschmack:
Frischer Schnittlauch
Glatte Petersilie
Estragon
Kerbel
Dill
Radieschen

Tipp: Statt Ziegenfrischkäse ist **jeder Frischkäse möglich,** auch Sahnequark.

1 große Frühlingszwiebel
1 kleine (junge)
Knoblauchzehe
1 mittlere grüne Zucchini
1 kleine rote Paprika
1 - 2 EL Olivenöl
Salz, Pfeffer
Frische Thymiannadeln
4 Eier
4 halbe Eischalen voll
Milch
Cayennepfeffer, Salz
1 Handvoll Basilikum
1 Handvoll Parmesan

Flaches Omelette mit Paprika und Zucchini

von Eckart Witzigmann

Frühlingszwiebel sauber putzen. Knoblauchzehe schälen. Beides fein schneiden. Zucchini waschen (nicht schälen!), grob reiben oder raspeln, leicht mit Salz bestreuen, vermengen und ca. 10 Minuten ziehen lassen. Danach ausdrücken.

Paprika entkernen und in feine Streifen schneiden.

Eine Pfanne mit Olivenöl erhitzen. Frühlingszwiebel und Knoblauch in Öl anschwitzen.

Paprika, Zucchini, Salz, Pfeffer und Thymian beigeben, 10 Minunten dünsten, ohne Farbe zu geben.

Basilikum grob zupfen, dann fein schneiden. Parmesan reiben.

Eier mit Milch aufschlagen, salzen, pfeffern. Basilikum und Parmesan untermischen.

Eimasse über Paprika-Zucchini gießen, mit einem Kochlöffel vermengen.

Auf beiden Seiten ca. 5 Minuten hellbraun backen.

Tipp: Man kann das Omelette auch mit Auberginen, Artischocken, Kartoffelwürfeln, Pilzen, Tomaten oder **einfach nur mit verschiedenen Kräutern,** je nach persönlichem Geschmack, zubereiten.

Zutaten für
2 Personen

70 g Regensburger Wurst
70 g Thüringer Wurst
2 EL Schnittlauchröllchen
25 g Gartengurke
60 g Fleischtomate
20 g rote Paprika
50 g Tilsiter Käse
90 g weiße Zwiebel
(geschält)
2 Eier
50 g neutrales Pflanzenöl
35 g Weißweinessig
1 TL kaltes Wasser
1 TL mittelscharfer Senf
Salz
Pfeffer aus der Mühle

Wurstsalat mit Tilsiter

von Eckart Witzigmann

Würste pellen, in dünne Scheiben schneiden und in zwei tiefen Tellern anrichten. Mit Schnittlauch bestreuen und abgedeckt in den Kühlschrank stellen.

Tomate überbrühen, abziehen, Strunk entfernen, entkernen und in 3 mm dünne Streifen schneiden. Gurke schälen, Kerne entfernen und in dünne Streifen schneiden.

Paprika entkernen und in feine Ringe schneiden. Eier 9 Minuten kochen, abschrecken, schälen, vierteln.

Den Käse von der Rinde befreien und in 3 mm dünne Streifen schneiden. Zwiebeln am besten mit einer Aufschnittmaschine in sehr feine Ringe schneiden.

Essig, Wasser, Senf und Öl zu einer Marinade verrühren, mit Salz und Pfeffer abschmecken.

Tomate, Gurke, Paprika, Zwiebeln und Käse mit der Marinade vermischen. Marinierte Zutaten auf die Wurstteller aufteilen und mit den Wurstscheiben vermengen.

Nochmals mit Salz und Pfeffer kräftig abschmecken und die Eier auf dem Salat garnieren.

Tipp: Wurst und übrige **Zutaten unbedingt separat** vorab marinieren!

Spagetti mit Tomaten, Basilikumöl und Mozzarella

von Eckart Witzigmann

Zutaten für
2 – 3 Personen

2 - 3 Eiertomaten
Etwas Zitronensaft
120 g frischer
Büffelmozzarella
20 g Basilikumblätter
5 g glatte,
gezupfte Petersilie
50 ml Olivenöl
1 - 2 Knoblauchzehen
50 g grobes Salz
200 g Spagetti
Salz, Pfeffer
1 Messerspitze Zucker

Tomaten häuten, entkernen, in kleine Würfel schneiden.
Tomatenwürfel salzen, pfeffern, 1 Prise Zucker
und 1 Spritzer Zitronensaft beimischen.

Mozzarella in 1 cm große Stücke schneiden, mit den
Tomatenwürfeln in einer Schüssel vorsichtig vermengen.

Von den Basilikumblättern einige in Streifen schneiden,
den Rest mit dem Olivenöl und der gezupften Petersilie mixen.
Die Petersilie bewirkt eine schönere grüne Farbe.

Knoblauch fein schneiden.

4 l Wasser in einem großen Topf zum Kochen bringen,
anschließend grobes Salz beigeben.

Spaghetti nach angegebener Kochzeit kochen, vom Herd nehmen,
1 Minute stehen lassen, dann Wasser abschütten.

Um den idealen Heiß-Kalt-Effekt zu erzielen, Spagetti rasch mit
dem Tomaten-Mozzarella-Gemisch und dem Basilikumöl
vermengen, das man nicht zu lange im Voraus zubereiten sollte.

Alles pfeffern, mit Knoblauch und Basilikum
bestreuen und sofort servieren.

Tipp: **Auf keinen Fall Öl ins Kochwasser gießen,**
da dann die Nudeln ihre Poren verschließen und später die Soße
nicht mehr so gut aufnehmen können!

Kartoffelgulasch

von Eckart Witzigmann

Zutaten für
4 Personen

800 g Zwiebeln
2 Knoblauchzehen
1 TL Majoran
1 TL Kümmel
3 EL Schweineschmalz
3 EL Paprikapulver
(edelsüß)
1 l Wasser
Salz
1 kg Kartoffeln
3 EL saure Sahne
Frische Petersilie

Zwiebeln schälen, in feine Würfel schneiden. Knoblauch schälen, mit Majoran und Kümmel auf einem Brett fein hacken. In einem großen Topf Zwiebelwürfel in heißem Schmalz goldgelb rösten, Gewürze dazugeben, kurz mitrösten.

Topf von der Herdplatte ziehen, Paprikapulver sorgfältig einrühren. Wasser zugießen, salzen, erhitzen und alles 20 Minuten kräftig durchkochen (ohne Deckel).

Inzwischen Kartoffeln schälen, würfeln und auf 1 kg abwiegen. Zufügen und weich kochen.

Dann endgültig abschmecken, saure Sahne unterziehen und mit 2 EL gehackter Petersilie bestreut servieren.

Tipp: Enorm wichtig für den Geschmack ist das Schweineschmalz. Mit keinem anderen Bratfett erzielt man den Original k.u.k. Geschmack. Säuerlich, appetitanregend wird das Kartoffelgulasch, wenn man das angeschwitzte Paprikapulver mit einem Löffel Essig ablöscht.
Paprikapulver nicht heiß mitrösten - es wird sonst bitter!

Zutaten für
1 Person

1 Maischolle (ca. 500 g)
Zitronensaft
Meersalz aus der Mühle
Mehl
Ca. 5 EL Pflanzenöl

Für die Senfbutter
60 g Butter
20 kleine Kapern
(wenn nur große
verfügbar, dann 6 Stück)
1 - 2 Sardellenfilets
bester Qualität
2 Scheiben leicht
angeräuchertes
Wammerl (Bauchspeck)
½ EL grobkörniger
mittelscharfer Senf
1 - 2 Frühlingszwiebeln
1 EL glatte Petersilie

Kross gebratene Maischolle mit Senfbutter, Kapern und Speck
von Eckart Witzigmann

Fisch zum Braten vorbereiten, unter fließend kaltem Wasser säubern, trockentupfen. Vom Kopf weg Richtung Schwanz entlang der Mittelgräte beidseitig einen 3 cm langen Schnitt machen. Auf beiden Seiten mit Zitronensaft beträufeln. Speck ohne Knorpel und Schwarte in feine Würfel schneiden. Zwiebeln fein schneiden. Sardellenfilets in feine Würfel schneiden, Kapern halbieren und fein schneiden.

Eine beschichtete Pfanne erhitzen, Speckwürfel nicht zu stark ausbraten. Herausnehmen, auf ein Sieb geben.

Inzwischen Scholle auf beiden Seiten mit Meersalz bestreuen, mit Mehl bestäuben, abklopfen. Öl erhitzen. Fisch mit der schwarzen Seite zuerst einlegen und ca. 4 - 5 Minuten kross braten. Vorsichtig umdrehen, nochmals 4 - 5 Minuten kross braten.

In einem Pfännchen Butter hellbraun aufschäumen lassen, die geschnittenen Zwiebeln darin glasig anschwitzen. Kapern, Sardellen-, Speckwürfel und Senf beigeben, verrühren. Zum Schluss Petersilie beigeben.

Gebratenen Fisch auf ein Krepppapier legen, kurz abtupfen. Auf einem heißen Teller einen Teil der Senfbutter verteilen, die kross gebratene Scholle darauf legen, den Rest Senfbutter obenauf verteilen. Mit etwas Pfeffer aus der Mühle bestreuen.

Tipp: Wer möchte, kann die schwarze Haut abziehen und danach erst die Senfbutter auf dem Fischfleisch verteilen.
Dazu passt ein köstlicher Gurken-Salat.

Zutaten für
4 – 6 Personen

1 kg Rindfleisch,
gut durchwachsen
Salz, Pfeffer aus der
Mühle
2 EL edelsüßes
Paprikapulver,
am besten ungarisches
½ EL Mehl
750 g Zwiebeln
3 Knoblauchzehen
4 EL Schweineschmalz
1 EL Tomatenmark
1 EL Essig, möglichst
Obstessig
1 Bouquet garni,
aus Möhre, Lauch,
Petersilie,
Knollensellerie
1 Lorbeerblatt
1 kleines Stück
unbehandelte
Zitronenschale
½ TL ganzer Kümmel
Pflanzenöl
Getrockneter Majoran

Rindergulasch
von Eckart Witzigmann

Den Backofen auf 180°C vorheizen. Das Fleisch in 3 cm große Würfel schneiden und mit Salz, Pfeffer und 1 EL Paprikapulver würzen und leicht mit Mehl bestäuben.

Zwiebeln und Knoblauch schälen und in feine Würfel schneiden. Die Würfel von 1 Knoblauchzehe beiseite stellen. Die restlichen Knoblauchwürfel mit den Zwiebeln in 4 EL Schweineschmalz glasig andünsten. Das Fleisch dazugeben und langsam anbraten. Tomatenmark und restliches Paprikapulver hineingeben und leicht anrösten. Mit Essig ablöschen und 100 ml Wasser dazugießen.

Etwa 2 ½ Stunden zugedeckt im Backofen garen,
bis das Fleisch ganz weich ist.

Für das Bouquet garni das Gemüse waschen, trockentupfen,
zu einem Kräuterstrauß binden und mit dem
Lorbeerblatt nach etwa 1 ½ Stunden Garzeit zum Fleisch geben.

Währenddessen das Gulasch immer wieder umrühren und
je nach Bedarf immer wieder mit etwas Wasser begießen.
Aus dem Ofen nehmen, Kräuterstrauß und Lorbeerblatt entfernen.

Die restlichen Knoblauchwürfel mit Zitronenschale und Kümmel
ganz fein hacken, eine Prise Majoran einrühren.
Das Gulasch mit Salz, Pfeffer und der Knoblauch-Gewürzmischung
abschmecken.

Tipp: Wenige Tropfen Öl auf den Kümmel geben.
Der lässt sich dann besser hacken, ohne wegzuspringen.

Fleischpflanzerl
mit Kartoffelpüree

von Eckart Witzigmann

Fleisch und Speck durch den Fleischwolf drehen.
Brot in dünne Scheiben schneiden, mit der
Milch begießen, quellen lassen. Zwiebeln schälen,
in kurze, sehr dünne Streifen schneiden.
Knoblauch schälen, fein würfeln. Beides in Olivenöl
andünsten. Petersilie hacken, kurz mitdünsten.
Alles etwas abkühlen lassen.

Schinken in kleine Würfel schneiden. Schinken,
Hackfleisch, weiches Brot, Zwiebel-Petersilie-Mischung
und Eier vermengen, pikant würzen.

Aus dem Fleischteig nicht zu kleine Küchlein formen.
In einer Mischung aus Öl und Butter bei mittlerer Hitze
schön braun und knusprig braten.

Kartoffeln schälen, vierteln und im leicht gesalzenen Wasser
kochen. Abgießen, ausdampfen und durch ein Passiersieb
streichen. Milch aufkochen und unter die Kartoffelmasse
rühren. Butter in Flöckchen unter das Püree schlagen.
Mit Salz und Muskat abschmecken.

**Zutaten für
5 Personen**

150 g Kalbfleisch
(ohne Sehnen)
250 g Schweinefleich
(ohne Sehnen)
50 g Schinkenspeck
**50 g gekochter
Schinken**
**100 g altbackenes
Weißbrot oder
Semmeln** (vom Vortag)
⅛ l Milch
100 g Zwiebeln
1 Knoblauchzehe
1 EL Olivenöl
1 Bund Petersilie
2 Eier
**1 Messerspitze
scharfer Senf**
**Salz, weißer Pfeffer
aus der Mühle**
Muskat
1 Prise Majoran
**Öl und Butter zum
Braten**

**Kartoffelpüree
für 2 Personen**
**200 g mehlig kochende
Kartoffeln**
3 - 4 EL Milch
60 g Butter
Salz, 1 Prise Muskat

Tipp: Die Variante - Braten im vorgeheizten Backofen. Dafür die flach
geformten Pflanzerl nebeneinander auf ein mit Backpapier ausgelegtes
Backblech legen. Bei 190 - 200°C ca. 30 Minuten garen.
So lassen sich auch größere Mengen einfach und fettarm zubereiten.

Schweinebraten mit Krautsalat

von Eckart Witzigmann

Für die Marinade alle Zutaten vermischen und die Fleischseite der Schweineschulter damit gut einreiben. Im Kühlschrank gut abgedeckt über Nacht marinieren lassen.

Am nächsten Tag salzen und langsam von beiden Seiten in etwas Öl leicht in einem Bräter anbraten. Kleingehackte Knochen, geviertelte Zwiebeln und Knoblauchzehen zugeben.
Mit etwas Wasser (¹/₄ l) angießen und bei 140°C ca. 2 Stunden in den vorgeheizten Backofen schieben.

Braten aus dem Bräter in eine Pfanne umsetzen und nochmals für ca. 1 Stunde bei 170°C fertiggaren.
Dabei darauf achten, dass die Kruste nicht zu dunkel wird.
Im Bräter das Fett abschöpfen, die kleingezupfte Brezel zugeben und den Bratenfond völlig einkochen lassen.

Nun nach und nach mit dem Weißbier ablöschen und zum Schluss mit ca. ¹/₂ l Wasser auffüllen. 30 Minuten köcheln lassen, gelegentlich abfetten, kurz vor Ende den Majoran zugeben und dann durch ein Sieb passieren.

Mit Salz und frisch gemahlenem Pfeffer abschmecken und mit dem Schweinebraten servieren.

Für den Krautsalat

Spitzkraut vierteln, Strunk herausschneiden und Kraut in feine Streifen schneiden. Zwiebeln in feine Würfel schneiden und mit Speck in einer Pfanne glasig anschwitzen.Mit Geflügelfond ablöschen und mit restlichen Zutaten vermischen.

Mit Salz, Zucker und frischem Pfeffer abschmecken und noch warm über das Kraut gießen. Den Salat 1 Stunde ziehen lassen, danach abschmecken und gegebenenfalls etwas nachwürzen.

Mit frisch geschnittenem Schnittlauch bestreuen und zum Schweinebraten servieren.

Tipp: **Durch die Laugenbrezel in der Bratensoße** bekommt diese eine leichte Bindung und einen würzigen Geschmack.

Zutaten für
8 Personen

2,5 kg Schweine-schulter mit Fett und Schwarte (vom Metzger bereits die Schwarte einschneiden lassen)

Für die Marinade
5 Knoblauchzehen
1 EL grober Pfeffer
1 EL fein gehackter Kümmel
1 TL Majoran
2 EL mittelscharfer Senf

Für die Soße
500 g Schweineknochen
2 mittelgroße Zwiebeln
4 Knoblauchzehen in der Schale angedrückt
frischer schwarzer Pfeffer aus der Mühle
½ l dunkles Weißbier
1 Laugenbrezel
1 - 2 Stangen frischer Majoran
Salz

Für den Krautsalat
2 mittlere Köpfe Spitzkraut (jung)
2 Zwiebeln
100 g feine Speckwürfel
1 TL fein gehackter Kümmel
6 EL Apfelessig
8 EL Pflanzenöl
8 EL Geflügelfond
Salz, Zucker und frischer schwarzer Pfeffer aus der Mühle
Frisch geschnittener Schnittlauch

Zutaten für
2 –4 Personen

25 g Milch
10 g Grieß
400 g Speisequark
50 g Puderzucker
3 Eigelb
3 Eiweiß
30 g (grobkörniger)
Kristallzucker
Etwas Vanillemark
Etwas geriebene
Zitronenschale

Topfen-Grieß-Schmarrn

von Eckart Witzigmann

Milch mit Grieß aufkochen, bis die Masse fest ist.
Etwas auskühlen lassen.

Quark, Puderzucker, Eigelbe, Vanillemark
und Zitronenschale verrühren.

Dann den abgekühlten Grieß beimengen.

Eiweiß mit dem Kristallzucker nicht zu steif schlagen,
unterheben.

Alles in eine ausgebutterte, viereckige Backform
geben und bei 180°C ca. 20 Minuten luftig backen.

Mit einem großen Löffel Nocken ausstechen
und auf lauwarme Teller verteilen.

Tipp: **Das Eiweiß sollte eiskalt sein.**
Nur so lange schlagen, bis der Eischnee noch cremig ist.
Dann enthält er relativ viel Luft und erzielt beim Backen
den erwünschten Soufflé-Effekt.
Den Schmarrn mit etwas Kirschkompott garnieren
und mit Puderzucker bestreuen.

**Zutaten für
2 – 4 Personen**

**125 g Rundkornreis
45 g Zucker
½ l Milch
Schale von ½ Zitrone**
(unbehandelt)
**1 Stange Zimt
½ Vanilleschote
20 g Butter
25 g geschlagene Sahne**

Milchreis

von Eckart Witzigmann

Reis ca. 5 Minuten blanchieren, abschütten.

Milch mit Zucker und den Aromen erwärmen,
nicht kochen! Reis zugeben, dann erhitzen,
mindestens 25 Minuten sieden lassen.

Hitze erhöhen, Butter unterrühren.

Alles in eine Schüssel geben,
ca. 20 Minuten abkühlen lassen.

Aromen herausnehmen, Sahne unterheben.

Tipp: Wer möchte, kann auch **die Vanilleschote längs aufschneiden,
das Mark herauskratzen** und mitkochen. Den Reis auf Tellern anrichten und
mit Zimtzucker bestäuben. Dazu schmeckt auch ein Kirschkompott.

HANS HAAS
München

Über ihn und seine Kochkünste könnte man Romane schreiben. In München und weit darüber hinaus gilt er längst als kulinarische Institution. Wer einmal bei Hans Haas in seinem **Zwei-Sterne-Restaurant „Tantris"** essen war, der erlebt ein geschmackliches Déjà-vu erster Güte. Ein guter Koch, so der 54-jährige Österreicher, verbindet „Ehrgeiz, Ausdauer, Beständigkeit, Fantasie, Führungsqualität" miteinander zu einer **kulinarischen Sinfonie.** Vieles hat sich Haas von seinem Lehrmeister Eckart Witzigmann abgeschaut. **Und so machte er auch direkt mit,** als ihn sein ehemaliger Küchenchef von dem Lichtblick-Kochbuch erzählte, dessen Erlös bedürftigen Rentnern zugutekommt.

Graupensuppe mit lauwarmer Forelle

Schalotten schälen, klein schneiden.
In einem heißem Topf mit etwas Butter, Öl, Knoblauch, dem Räucherspeck und den Möhrenwürfeln kurz andünsten.
Dann die Graupen und die Gewürze dazugeben.
Mit dem Weißwein ablöschen und kurz reduzieren lassen.

Dann mit der Rinderbrühe aufgießen und mit der geriebenen Kartoffel binden.
So lange kochen lassen, bis die Graupen weich sind.
Nochmals abschmecken, eventuell mit Essig, Salz und Pfeffer nachwürzen. Vom Herd ziehen.

Backofen auf 80°C vorheizen.
Ausgelöstes Forellenfilet leicht salzen, mit flüssiger Butter bestreichen.
Auf einen warmen Teller legen, mit Klarsichtfolie bedecken und für ca. 10 - 12 Minuten in den Backofen schieben, bis das Filet schön glasig ist.

Inzwischen Graupensuppe in einem tiefen Teller anrichten, etwas frisch gehackte Blattpetersilie darauf streuen. Glasig gegarte Forelle daraufsetzen.

Tipp: Geriebene Kartoffel bindet Suppen und Soßen aufgrund des natürlichen Stärkegehaltes. **Je mehliger die Kartoffel, desto besser der Binde-Effekt.**
Würzigere Kombination: Räucheraal statt Forelle verwenden.

Zutaten für 4 – 6 Personen

3 Schalotten
1 Knoblauchzehe
2 EL Möhren
(in Würfeln)
250 g Graupen
1 Lorbeerblatt
Pfeffer, Salz
40 ml Weißwein
2 ½ l frische Rinderbrühe
1 EL Kartoffel
(roh gerieben)
20 g Räucherspeck
20 ml Essig
2 EL Butter
Öl
40 g Forellenfilet
1 EL flüssige Butter
Salz
frische Petersilie

Skrei im Brot gebraten mit Feldsalat und Senfmarinade

von Hans Haas

Zutaten für
4 Personen

4 Scheiben Graubrot
2 Schalotten
1 TL Senf
1 EL Meerrettich (Glas)
Salz, Pfeffer
160 g Skreifilet
2 Handvoll Feldsalat
2 EL Sauerrahm
1 EL grober Senf
Saft einer Zitrone
frischer Meerrettich

Am besten einen Tag altes Graubrot mit dem Sägemesser der Länge nach in zwei 5 mm dünne Scheiben schneiden.

Schalotten schälen, würfeln, kurz in etwas Butter in einer heißen Pfanne schwenken, mit Salz und Pfeffer würzen. In eine Schüssel umfüllen. Erkalten lassen.

In die Masse groben Senf und Meerrettich aus dem Glas einrühren. Skreifilet in ca. 2 cm dicke Scheiben schneiden, salzen, pfeffern.

Backofen auf 140°C vorheizen.
Die Hälfte der Schalotten auf die Brotscheiben streichen.
Skrei daraufsetzen. Restliche Schalotten darüberstreichen.
Zum Schluss die zweite Brotscheibe drauflegen,
etwas fest drücken.
Vorsichtig in eine heiße Pfanne mit Öl einlegen und
auf beiden Seiten goldbraun anbraten, dann noch
für 2 Minuten in den vorgeheizten Backofen schieben.

Inzwischen Feldsalat gut waschen. Sauerrahm mit Senf, Zitronensaft, Salz und Pfeffer verrühren. Feldsalat damit marinieren, auf einem flachen Teller anrichten.

Gebratenes Brot daraufsetzen. Restliche Senfmarinade außen herumziehen.

Frischen Meerrettich daraufreiben.

Tipp: Skrei ist ein Winterkabeljau, der in norwegisch-arktischen Gewässern von Januar bis April gefangen wird. **Das weiße Fleisch ist fein und fettarm.** Ciabatta-Brot in sehr dünnen Scheiben ist eine gute Alternative zum Graubrot.

4 Eigelb
2 TL Stärke
½ l Milch
70 g Zucker
½ Vanilleschote
100 ml Eierlikör
4 Scheiben Hefe-
oder Rosinenzopf
2 Eier (Größe L)
150 ml Milch
1 EL Butterschmalz
50 g gehackte
Haselnüsse
2 EL Zimtzucker

Arme Ritter mit Haselnüssen und Eierlikör

von Hans Haas

Eigelb, Stärke und 5 EL Milch verrühren. Restliche Milch, Zucker und ausgekratzte Vanilleschote aufkochen. Eiermilch einrühren und kurz aufkochen. Eierlikör unterrühren.

2 Eier mit der Milch in einer Schüssel verschlagen. Hefezopfscheiben nebeneinander in eine Form legen und mit der Eiermilch begießen.

Nach 1 Minute die Scheiben wenden. Butterschmalz in einer Pfanne erhitzen und die Hefezopfscheiben darin von beiden Seiten jeweils 2 – 3 Minuten bei mittlerer Hitze goldbraun braten. 1 Minute vor Ende der Bratzeit die Haselnüsse mit in die Pfanne geben.

Mit Zimtzucker bestreuen und mit der Eierlikörsoße servieren.

Tipp: Brötchen, Weißbrot- oder Toastbrotscheiben lassen sich ebenfalls gut in Arme Ritter verwandeln.
Achtung: damit die Armen Ritter knusprig aus der Pfanne kommen, sollte sich das Gebäck nicht vollständig mit der Eiermilch vollsaugen!

KARL
EDERER
München

Der Hunger steht bei
Karl Ederer im
Vordergrund, der Hunger
nach Kreativität, nach mehr
Freiheit, dem täglichen
Erfolgserlebnis in der
Küche. Der Münchner
Sternekoch, ein Purist
seines Fachs, kocht im
„Restaurant Ederer"
konsequent produktnah
und europäisch. Seine
Philosophie besticht durch
eine Zubereitung, die den
natürlichen Geschmack
der Lebensmittel schont
und fördert. Meersalz,
dezente Gewürze, frische
Kräuter der Saison sowie
hochwertige Öle und Essige
bestimmen die Aromen
seiner Küche. Entscheidend
prägten den 55-jährigen
Küchenchef vier Jahre
Anfang der 80er in der Küche von Eckart Witzigmann.
„Ein toller Typ", schwärmt
Ederer. Sein Fazit zum
vorliegenden Kochbuch:
„Sinn und Zweck sind mehr
als überzeugend."

Brotsuppe mit Leber

Zutaten für
4 Personen

60 g dunkles Brot,
angetrocknet
60 g Weißbrot,
angetrocknet
1 Schalotte
120 g Kalbs- oder
Geflügelleber
1 EL Sonnenblumen-
und Kürbiskerne
1 kleiner Bund
Schnittlauch
(etwa 5 -10 Halme, je
nach Größe)
20 g Butter
½ l Rind- oder
Geflügelbrühe
1 EL Öl
Salz, Pfeffer

Brot in 1 cm große Würfel schneiden.
Schalotte schälen und in kleine Würfel schneiden.
Leber in 0,5 cm große Würfel schneiden.
Kerne mit dem Messer in kleine Stücke schneiden.
Schnittlauch waschen, trockentupfen und
in 1 cm lange Stücke schneiden.

In einer Pfanne Butter erhitzen und Brotwürfel darin
3 - 4 Minuten bei mittlerer Hitze leicht braun anbraten.
Schalotten dazugeben und auch leicht braun anbraten.

Brotwürfel und Schalotten mit der
Brühe aufgießen, mit Salz und Pfeffer würzen,
3 Minuten aufkochen. Nicht zu häufig umrühren,
damit die Brotwürfel noch ganz bleiben.

In einer Pfanne Öl erhitzen. Darin die Leberwürfel
1 Minute anbraten.
Kerne zur Suppe hinzugeben, nochmals mit Salz und
Pfeffer abschmecken.

Suppe in tiefe Teller geben, warme Leberwürfel
von der Pfanne in die Suppe geben und alles mit
Schnittlauch bestreuen.

Tipp: Achtung: Schalotten nie zu heiß, nur bei mittlerer Hitze anbraten.
Sie verbrennen schnell. Anstatt Leber passen auch gut verschiedene Pilze,
frisch oder getrocknet, auch gefroren, als Zutat in die Brotsuppe.
Genauso Fischwürfel oder kleine Wurststücke.

Auberginen mit Orzo

von Karl Ederer

Zutaten für
4 Personen

60 g weiße Zwiebeln
1 Knoblauchzehe
1 gelbgrüner
Spitzpaprika
3 EL Olivenöl
(am besten aus Kreta)
70 g Orzo (Nudelreis)
70 ml Wasser
Salz, Pfeffer, Muskat
1 EL frische,
gehackte Kräuter (Dill,
Koriander, Petersilie)
2 mittelgroße lange
Auberginen
2 - 3 EL Olivenöl
2 weiße Zwiebeln
(ca. 120 g)
Salz, Pfeffer, etwas
Wasser
4 kleine vollreife,
aber feste Tomaten
ca. 120 g Fetakäse

Backofen auf 180°C vorheizen. Zwiebeln und Knoblauch schälen. Paprika putzen. Alles in kleine Würfel schneiden. In heißem Öl glasig anschwitzen, ohne Farbe zu geben. Orzo beigeben, etwas mitrösten. Salzen und pfeffern, mit 70 ml Wasser auffüllen und bissfest garen. Etwas abkühlen lassen. Dann die Kräuter untermischen.

Auberginen längs halbieren, Stielansatz nicht abschneiden. Das Fruchtfleisch mit einem spitzen Messer kreuzweise einschneiden, salzen. In 2 EL heißem Olivenöl weich braten. Dafür Auberginenhälften in eine backofengeeignete Form mit der Innenseite einlegen, bei 180°C ca. 15 Minuten garen. Umdrehen und nochmals 20 Minuten braten. Danach mit den Schnittflächen auf ein Saugpapier abfetten lassen.

Zwiebeln schälen, in Würfel schneiden, in heißem Olivenöl weich dünsten, ohne Farbe zu geben. Salzen, pfeffern. Wenn notwendig, mit etwas Wasser untergießen. Tomaten waschen, Strunk entfernen, in ca. 3 mm dicke Scheiben schneiden.

Auberginen auf der Innenseite mit den weichen Zwiebeln belegen, Orzo darauf verteilen. Tomatenscheiben darauf anordnen. Feta grob darüber bröseln, mit etwas Olivenöl beträufeln. Alles ca. 20 Minuten im Ofen mit stärkerer Oberhitze (200°C) überbacken. Zum Schluß die Temperatur erhöhen und kurz gratinieren.

Mit Basilikum- oder Thymianzweigen garnieren.

Tipp: Wer möchte, kann die **Tomatenscheiben mit Salz, Pfeffer, Zucker, Oregano stärker würzen,** bevor der Fetakäse darübergestreut wird.

Zutaten für
4 Personen

400 g Weißkraut
4 Semmeln
(2 – 3 Tage alt)
60 – 80 g Zwiebeln
40 g Speck
20 g Rosinen
½ Bund Petersilie
40 g Butter
2 Eier
100 ml Milch
200 ml Weißwein
(am besten Riesling
trocken)

Rieslingkraut mit Specknockerln

von Karl Ederer

Weißkraut vierteln und den Strunk herausschneiden,
dann in feine Streifen schneiden. Semmeln halbieren,
in feine Scheiben schneiden und in eine Schüssel geben.
Zwiebeln schälen, halbieren und in kleine Würfel schneiden.
Speck ebenfalls in kleine Würfel schneiden.
Rosinen fein hacken.

Petersilie waschen, trockentupfen, Blätter abzupfen
und, wenn nötig, fein schneiden.

20 g Butter in einer Sauteuse bei mittlerer Hitze schmelzen.
Hälfte der Zwiebeln einlegen und kurz glacieren.
Dann den Speck dazugeben, salzen, pfeffern,
mit der Milch aufgießen, kurz aufkochen und dann über
die Semmeln gießen, vermischen und einweichen.
Eier, Petersilie und Rosinen zugeben. Die Masse gut
durchkneten und 15 – 30 Minuten ziehen lassen.

1 l Wasser in einem breiteren Topf einmal aufkochen,
dann gut salzen. Mit einem Suppenlöffel die Brotmasse in der Hand zu
acht Nockerln formen und in das schwach kochende Wasser einlegen.
Topf zudecken und 5 – 7 Minuten bei mittlerer Hitze garen.

Nochmals 20 g Butter in der Sauteuse bei mittlerer Hitze erwärmen.
Restliche Zwiebeln dazugeben und kurz glacieren.
Dann das Kraut einlegen, salzen, pfeffern und gut vermischen.

Nach 2 Minuten mit dem Wein aufgießen und 5 – 7 Minuten gar kochen.

Tipp: **Der Wein soll verkochen.**
Damit bekommt das Kraut einen wunderbaren Weingeschmack
und ist viel bekömmlicher als vergorenes Sauerkraut.

JÖRG WÖRTHER

Salzburg

Ikonen der jüngeren österreichischen Kochgeschichte haben Kritiker seine Gaumen-schmeichler genannt. Dabei kann Jörg Wörther auch ganz einfach. Er liebt geradezu die unkomplizierte, **klare Linie seiner Speisen.** Deshalb würde der einstige Koch des Jahrzehnts zu Hause auf drei Dinge nicht verzichten: Sardellen-ringe, Essiggurkerl und Käse. Genauso wenig missen möchte Wörther die Freundschaft zu seinem Lehrmeister Eckart Witzigmann. Als der ihn bat, mitzu-schreiben, mitzudenken und mitzukreieren, musste der 52-jährige Österreicher nicht lange nachdenken: **Gutes, gesundes Essen,** meint Wörther, **muss nicht teuer sein,** sondern raffiniert.

nicht magenfreundlich!

Serviettenknödel mit brauner Butter und Käse überbacken

Zwiebeln schälen, hacken. In Butter glasig anschwitzen, mit Milch aufgießen, einmal aufkochen. Knödelbrot in eine Schüssel geben, mit der warmen Zwiebel-Milchmasse übergießen.
Ei, Petersilie und Salz dazugeben, gut durchmengen und 45 Minuten ziehen lassen.

Aus der Masse eine ca. 6 cm dicke Rolle formen. Alufolie mit flüssiger Butter bestreichen. Knödelrolle daraufsetzen, straff einrollen und die Enden abdrehen.

In reichlich siedendes Salzwasser legen und ca. 40 Minuten schwach köcheln.
Von der fertigen Knödelrolle 6 ca. 1 cm dicke Scheiben abschneiden.

Butter bräunen, mit den dreierlei Käsen gut abrühren und gleichmäßig auf die Serviettenknödelscheiben verteilen.

In eine gebutterte Backform legen und im Backofen überbacken.

Tipp: Mit Kopfsalat oder **Blattspinat servieren.**

30 g Zwiebeln
35 g Butter
Milch
120 g Knödelbrot
1 Ei
Salz
Gehackte Petersilie
Butter zum Bestreichen
20 g Butter
20 g geriebener Bergkäse
20 g geriebener Pinzgauer Schottenkäse
(deutsche Alternative: geräucherter, magerer Kuhmilch- oder Schafskäse)
20 g geriebener Österzola
(deutsche Alternative: Bavaria Blue)

Feine Spitzkrautnudeln

von Jörg Wörther

Zutaten für
2 Personen

200 g Spitzkraut
Frischer Salbei
20 g Butter
1 Stück Würfelzucker
Oregano
Salz
1 Spritzer dunkler
Balsamicoessig
250 g Suppennudeln
125 ml Schlagsahne

Spitzkraut fein nudelig schneiden.
Salbei fein schneiden. Butter erhitzen,
Würfelzucker darin schmelzen.
Geschnittenes Kraut zugeben, würzen.

Langsam zugedeckt garen, bis das Kraut
leicht goldig und ganz weich ist.

Mit dem Balsamicoessig verfeinern,
mit Sahne begießen und sämig einköcheln.

Nudeln in Salzwasser kochen, abschütten
und heiß unters Kraut heben.

Tipp: Für Fleischliebhaber – auf einer Scheibe warmem
Geselchtem oder auf Kassler anrichten!
Auch eine geräucherte Wurst ergänzt das Gericht gut.

Zutaten für
2 Personen

**2 Scheiben
Schwarzbrot
80 g Räucherlachs
50 g Hüttenkäse
10 g Crème fraîche
5 g frisch geriebener
Meerrettich
Salz
schwarzer Pfeffer
aus der Mühle
Kresse zum Garnieren**

Schwarzbrottoast mit Räucherlachs und Hüttenkäse

von Jörg Wörther

Schwarzbrotscheiben toasten.

Hüttenkäse mit Crème fraîche, Meerrettich und den Gewürzen abrühren.

Räucherlachs in Streifen schneiden.

Käsemischung auf die getoasteten Brotscheiben streichen, mit Lachsstreifen belegen und mit etwas Kresse garnieren.

Tipp: Die mildere Variante – statt Lachs **geräucherte Forelle** verwenden!

MARTIN FAUSTER
München

Bodenständig, bescheiden trotz des Michelin-Sterns - und vor allem ein Teamspieler. „Die helfenden Hände meiner Mitarbeiter", sind für Martin Fauster, 39, das Nonplusultra. So unprätentiös der Chef de Cuisine im **Münchner Restaurant „Königshof"** auftritt, so außergewöhnlich fallen seine Taten am Herd aus. **Originell muss es sein, nicht aufgesetzt.** Im Mittelpunkt steht für den Österreicher stets „der Respekt vor dem Produkt". Deshalb hat ihn auch gereizt, „mit einfachen Produkten tolle Gerichte" für das Witzigmann-Werk beizusteuern. Als junger Koch ist er seinem berühmten Landsmann begegnet und hätte sich „am liebsten im Keller versteckt". **Heute kochen sie gemeinsam, um Menschen eine Freude zu bereiten.**

Kürbis-Paprika-Suppe

**Zutaten für
6 Personen**

**1 kg Muskatkürbis
1 weiße Zwiebel
2 Tomaten
1 gelbe Paprika
½ l Gemüsebrühe
70 g Sauerrahm
200 ml Schlagsahne
1 TL Paprikapulver
Salz, Pfeffer
Olivenöl
Zitronensaft
Kürbiskernöl
Kürbiskerne**

Kürbis schälen und in kleine Würfel schneiden.
Zwiebel schälen, fein schneiden.
Paprika waschen, entkernen, in Stücke schneiden.

Kürbis, Zwiebel und Paprika in etwas Olivenöl anschwitzen. Mit dem Paprikapulver bestreuen, mit Salz und Pfeffer würzen, mit einem Deckel abdecken. Ca. 10 Minuten bei geringer Hitze weich schmoren.

Mit Brühe auffüllen und 30 Minuten kochen lassen.

Sahne und Sauerrahm beigeben, mixen und durch ein feines Sieb passieren.
Mit Salz, Pfeffer und Zitronensaft abschmecken.

Mit Kürbiskernöl und gerösteten Kürbiskernen servieren.

Tipp: **Kürbiskernöl und geröstete Kürbiskerne** verleihen der Suppe einen besonderen Geschmack.

Spinatknödel mit brauner Butter und Parmesan

von Martin Fauster

Zutaten für
6 Personen

8 Semmeln
1 weiße Zwiebel
125 g Butter
200 g Blattspinat
4 Eier
120 g Milch
Salz, Muskat, Pfeffer
120 g Butter
100 g geriebener
Parmesan

Semmeln in kleine Würfel schneiden.
Zwiebel schälen, fein würfeln und in der Butter andünsten.
Mit Salz, Muskat und Pfeffer würzen.

Rohen Spinat mit 3 Eiern mit einem Mixstab pürieren.
Aus einem Ei ein Rührei herstellen.
Nun die Zutaten miteinander vermengen und abgedeckt
20 Minuten ziehen lassen.

Kleine Knödel formen.

Im Salzwasser 5 Minuten leicht köcheln lassen und
danach ca. 5 Minuten ziehen lassen.
Knödel herausnehmen und warm stellen.

Butter erhitzen, unter ständigem Rühren
braun werden lassen, salzen und über die Knödel geben.
Mit Parmesan bestreut servieren.

Tipp: **Das Rührei** macht den Knödel noch flaumiger.

**Zutaten für
6 Personen**

**700 g grüne
breite Bohnen
Bohnenkraut
2 Schalotten
2 EL Butter
1/8 l Schlagsahne
1 TL Mehl
Dill
Weißweinessig
Kochfond von den
Bohnen
Salz, Cayennepfeffer
50 g Schwarzwälder
Schinken**

Breite Bohnen mit Schwarzwälder Schinken

von Martin Fauster

Bohnen putzen und in 2 cm lange Stücke schneiden.
Das Kochwasser mit 2 Stangen Bohnenkraut
und Salz abschmecken. Die Bohnen bissfest kochen
und warm stellen.

Schalotten schälen, würfeln, in etwas Butter
anschwitzen, mit dem Mehl bestäuben und einem
Schuss Essig ablöschen.

Etwas Kochfond von den Bohnen und Sahne beigeben.

Die Bohnen darin schwenken und mit Dill,
Salz und Cayennepfeffer abschmecken.

Schinken in hauchdünne Scheiben schneiden
und darüber geben.

Tipp: Anstelle des Schinkens kann man auch
feingeschnittenen Räucheraal verwenden.

**Zutaten für
2 Personen**

**100 g Berglinsen
200 g Lachsfilet
10 g Möhren
10 g Selleriewurzel
10 g Petersilie
½ Knoblauchzehe
1 EL Rotweinreduktion
20 g Zwiebel
1 TL Balsamicoessig
5 EL Olivenöl
Salz, Pfeffer**

HERBERT
HINTNER

Eppan

Genussmensch muss
er sein. „Ein guter Koch
sollte stets auch
genießen können",
meint Herbert Hintner.
Der Südtiroler kann
beides: Genießen und
fantastisch kochen.
Dabei sucht der
Küchenmeister die
Symbiose zwischen
traditioneller, regionaler
Kost der Alpen und
mediterran, italienisch
durchwirkter Alta
Cucina. Seit 16 Jahren
glänzt ein Michelin-
Stern über seinem
Restaurant „Zur Rose"
in Eppan. Keine Frage,
dass sich der 53-jährige
Gastronom sofort zum
Mitmachen bereiterklär-
te, als Eckart Witzigmann
ihn auf sein Lichtblick-
Buchprojekt ansprach.
„Für mich der beste
Koch", erklärt Hintner.
**„Ein Mensch mit Boden-
haftung, großem Können
und unendlicher Güte."**

Lachs auf Berglinsen
mit Vinaigrette
von Rotweinzwiebeln

Linsen über Nacht einweichen, dann in Salzwasser kochen.
Fischfilet in vier Stücke schneiden.

Möhre und Sellerie in feine Würfel schneiden,
in Olivenöl etwas andünsten.
Linsen und gehackte Petersilie dazugeben. Warm stellen.

Lachs mit der Knoblauchzehe einreiben,
salzen, pfeffern. In der Pfanne mit Olivenöl
für ca. 4 Minuten anbraten, dann auf der
anderen Seite 1 Minute fertiggaren.

Für die Rotweinreduktion:

1 l Rotwein mit 6 EL Zucker auf 100 ml reduzieren
(ca. 30 Minuten)

Zwiebel schälen, fein hacken, in Olivenöl leicht anschwitzen,
ohne Farbe zu geben. Mit 1 EL Rotweinreduktion ablöschen.
Kalt stellen. Mit Balsamicoessig, Olivenöl, Salz und Pfeffer
abschmecken.

Linsen auf Teller verteilen, Lachsstücke darauflegen.
Mit der Rotwein-Zwiebel-Vinaigrette garnieren.

Tipp: Rotweinreduktion auf Vorrat in Eiswürfelformen einfrieren.
Bei Bedarf portionsweise auftauen oder gefroren in Suppen oder zu
Schmorfleisch wie Gulasch oder Braten geben. Das gibt den besonderen Pfiff.
Als Alternative zu Lachs eignet sich Saibling.

Tomatenschnitzel
mit Kabeljaumousse

von Herbert Hintner

Zutaten für
2 Personen

300 g Kabeljau
100 ml Schlagsahne
1 halbierte
Knoblauchzehe
Salz, Pfeffer
4 Thymianzweige
Olivenöl
1 reife Fleischtomate
5 Basilikumblätter
1 Rosmarinzweig
1 Thymianzweig
20 g Kapern
20 g Oliven (entkernt)
4 EL Gemüsefond
Salz, Pfeffer, Olivenöl

Kabeljau von Haut und Gräten befreien und in
mittelgroße Stücke schneiden. In einer Kasserolle
Olivenöl erhitzen, Kabeljau dazugeben
und etwas anschwitzen, mit Sahne aufgießen
und zum Kochen bringen.

Knoblauch, Salz, Pfeffer, Thymianzweig dazugeben
und 8 Minuten köcheln lassen.
Dann Thymian und Knoblauch herausnehmen.

Kabeljau fein pürieren. In einem Küchentuch auf einem
Sieb gut abtropfen lassen. Warm stellen.

Tomaten leicht einschneiden, kurz in heißes Wasser
geben. Die Haut abziehen, in dicke Scheiben schneiden.

In einer Pfanne Olivenöl erhitzen, Tomatenscheiben
hineinlegen. Von den Anschnitten kleine Würfel
schneiden und dazugeben. Bei mittlerer Hitze auf beiden
Seiten ca. 2 Minuten andünsten.

Salzen, pfeffern. Kräuter, Kapern und Oliven dazugeben,
mit dem Gemüsefond übergießen. Warm stellen.

Tomatenschnitzel mit dem Saft auf Teller verteilen.
Von der Kabeljaumousse Nocken abstechen, darauf geben.

Tipp: Das Gericht lässt sich auch **lauwarm genießen**.

75 g Milch
25 g Mehl
25 g Speisequark
2 Eigelb
35 g Kakaopulver
25 g Walnüsse
25 g Zucker
3 Eiweiß

Schoko-Walnuss-Schmarrn

von Herbert Hintner

Quark durch ein Haarsieb streichen.

Milch erwärmen. Eigelb mit Zucker gut verrühren,
Milch dazugeben, nochmals gut verrühren.

Masse in einen Mixer geben und unter ständigem Rühren
Mehl, Quark und Kakaopulver
dazugeben und 5 Minuten mixen. Erkalten lassen.

Eiweiß zu Schnee schlagen und vorsichtig unterheben.

Masse in eine ausgebutterte (feuerfeste) Pfanne geben.
Walnüsse leicht zerdrücken und darüberstreuen.
Im vorgeheizten Backofen bei 180°C 15 Minuten backen.

Tipp: Dazu passt **Vanilleeis.**

ANDREAS
MAYER

Prielau

Seit Jahren setzt Andreas Mayer, **Zwei-Sterne-Küchenchef** im gleichnamigen Restaurant im österreichischen Schloss Prielau, ein Ausrufezeichen nach dem anderen. Erst kürzlich hat der experimentierfreudige Aromen-Papst den Titel „Restaurant des Jahres 2011" in Österreich ergattert. Sein Hang zur Perfektion ist genauso legendär wie seine „Parfümküche", die den Gast über die Nase an den sich anbahnenden Geschmacksvulkan auf dem Teller heranführt. Mit Eckart Witzigmann verbindet den Münchner eine **lange lukullische Liaison.** „Er hat mich zur Sterneküche animiert." Dass es auch einfach geht, beweist Mayer im Kochbuch seines Freundes Eckart Witzigmann.

Suppe von jungen Möhren mit Ingwer und Orangenschale

Die Möhren und Frühlingszwiebeln waschen, schälen und in 2 cm dicke Scheiben scheiden. Ingwer schälen und fein schneiden.

Traubenkernöl erhitzen, Ingwer zugeben und zusammen mit den Frühlingszwiebeln dünsten. Die Möhren und die Knoblauchzehe zufügen, salzen und 10 Minuten bei milder Hitze dünsten.

Mit der Brühe auffüllen und das Gemüse weich garen. Alles pürieren.

Mit heißer Milch verrühren und mit Orangensaft abschmecken. Die feingeriebene Orangenschale und etwas frisches Basilikum oder frischen Koriander auf die Suppe geben und servieren.

Tipp: Um die Suppe etwas asiatisch zu gestalten, **einfach die Hälfte der Milch durch Kokosmilch ersetzen.** Immer kleine und junge Möhren verwenden – am besten mit Grün, da mehr Süße zu schmecken ist.

**Zutaten für
4 Personen**

**400 g junge Möhren
2 Frühlingszwiebeln
1 Knoblauchzehe
1 TL Traubenkernöl
1 kleines Stück Ingwer
500 ml Gemüsebrühe
¼ l fettarme Milch
Saft einer
unbehandelten Orange
Etwas abgeriebene
Orangenschale
Etwas Basilikum oder
Koriander**

Filets vom Bachsaibling in Rieslingcreme-Soße

von Andreas Mayer

Gemüse fein schneiden, in Butter langsam weich
dünsten, salzen.

Saiblingsfilet von Gräten befreien, mit Salz bestreuen.
Die Haut am Filet belassen.

Fischsud in einer ovalen Pfanne etwas aufkochen
lassen, die gewürzten Filets auf der Haut 2 Minuten
heiß ziehen, mit einer Palette umdrehen und
bei niedriger Temperatur rosa garziehen lassen.

Für die Soße Schalotte in Butter anschwitzen,
mit Essig und Wein ablösen, 2 Minuten köcheln
lassen. Sahne und fein geschnittene Kräuter zugeben,
würzen, mit Zitronensaft abschmecken.

Das Gemüse Duxelles auf heiße, ovale Teller der
Länge nach anordnen, die Filets darauf legen.
Haut abziehen, leicht mit Salz bestreuen.

Den Fischsud rasch sirupähnlich einkochen,
zur Soße geben. Kräuter, etwas Wodka beigeben und
heiß über die Filets gießen.

Tipp: Ungewöhnlich, aber wirksam – **ein Schuss Wodka hebt eindeutig den
Geschmack der feinen Soße.** Etwas frisch geriebenen Meerrettich in die Soße
und rohe Champignons darüber hobeln. Dampfkartoffeln als Beilage.

Ca. 350 g Saibling

Für den Fischsud
5 g Butter
10 g Lauchzwiebel
3 Champignons
1 - 2 Petersilienstängel
100 ml Riesling
(trocken)

Für die Soße
1 geschälte Schalotte
**1 EL weißer
Estragon-Essig**
75 cl Weißwein
5 - 6 EL Sahne
10 g Butter
**2 EL feingeschnittene
Kräuter**
(Dill, Kerbel ,Estragon,
Schnittlauch, Petersilie)
Cayennepfeffer
Salz, Zitronensaft

**Für das Gemüse
Duxelles**
25 g geschälte Möhren
15 g Zwiebellauch
50 g Schalotten
10 g englischer Sellerie
1 EL Butter
Salz

Eventuell etwas Wodka

Zutaten für
4 Personen

**2 Hähnchenbrüste
je 200 g
2 Hähnchenkeulen
100 g geräucherter
Speck
4 Schalotten
4 Champignons
1 EL Traubenkernöl
4 kleine Knoblauchzehen
750 ml dunkles Bier
2 Lorbeerblätter
1 EL Kartoffelstärke
Salz, Pfeffer
1 Petersilienstängel**

Brust und Keule vom Hähnchen in Dunkelbier geschmort

von Andreas Mayer

Hähnchenfleisch waschen und trockentupfen.
Speck in kleine Würfel schneiden.
Schalotten schälen und vierteln. Champignons mit
feuchtem Küchenpapier abreiben, vom Stiel befreien,
halbieren. Knoblauchzehen schälen.

Öl in einem Topf erhitzen. Fleisch salzen, pfeffern und
auf der Hautseite anbraten. Kurz wenden und
dann herausnehmen. Speck im Topf kurz anbraten,
Schalotten, Knoblauch und Champignons zugeben.
Das Ganze kurz rösten.

Keulen wieder zugeben und mit dem dunklen Bier
auffüllen. Kräuter zugeben und alles bei geringer Hitze
köcheln lassen. Nach 80 Minuten Garzeit die Brustteile
zugeben und weitere 10 Minuten köcheln lassen.
Ab und zu Fett an der Oberfläche abschöpfen.
Hähnchenteile herausnehmen. Die Soße mit der in
kaltem Wasser verrührten Speisestärke leicht anbinden.

Hähnchenteile wieder zugeben und mit gehackter
Petersilie bestreuen, servieren.

Tipp: Keine Sorge – Bier als Schmorflüssigkeit überdeckt das Gericht nicht
mit einem Einheits-Geschmack, sondern hebt vielmehr Aroma und Charakter
der einzelnen Zutaten hervor. **Geeignet: Dunkles Lager- oder Schwarzbier.**
Dazu Pilze und Petersilienkartoffeln servieren.

BOBBY BRÄUER
Kitzbühel

Bobby Bräuer gilt als der **Wanderer im Gourmet-Genre.** Der 49-jährige Witzigmann-Jünger startete von München aus kulinarische Expeditionen in die Schweiz, nach Frankreich und Italien. Später dann erkochte sich Bräuer in München, Düsseldorf und Berlin je einen Stern, bevor er in Kitzbühel im Restaurant „Petit Tirolia" seine Erfolge fortsetzte. Der Bajuware mischt die **klassische französische Küche mit mediterranen Einflüssen.**
Für ihn persönlich muss es nicht immer die aufwändige Küche sein. Der Maxime folgt Bräuer auch mit seinen Beiträgen in diesem Buch. **Dass er mitmachen würde, stand für ihn außer Frage.** „Weil die Freunde und natürlich der Chef (Witzigmann) mich schon mein ganzes Leben begleiten."

Spinatsuppe mit pochiertem Ei

Zutaten für 4 Personen

400 g Blattspinat
50 g Butter
2 Schalotten
½ l Geflügelbrühe
1 Kartoffel
100 ml Schlagsahne
Salz, Pfeffer, Muskat
4 Eier
Weinessig

Spinat putzen, gründlich waschen, abtropfen lassen und grob hacken. Schalotten in feine Würfel schneiden. Butter in einem Topf erhitzen, Schalottenwürfel darin anschwitzen. Spinat dazugeben, leicht salzen, Hühnerbrühe angießen.

Kartoffel schälen, in sehr kleine Würfel schneiden, ca. 15 Minuten mitköcheln lassen.

Anschließend Sahne zugeben, nochmals kurz aufkochen. Suppe dann durch ein feines Sieb passieren. Mit Salz, Pfeffer und Muskat abschmecken.

Inzwischen Wasser in einem Topf erhitzen, leicht salzen, mit einem Schuss Weinessig würzen. Eier aufschlagen und vorsichtig einzeln in das siedende (nicht kochende!) Wasser gleiten lassen. Mit einem Kochlöffel das Eiweiß um das Eigelb rühren. Pochierte Eier nach ca. 4 Minuten mit einer Schaumkelle herausheben und in die aufgeschäumte Spinatsuppe gleiten lassen.

Tipp: Für das besondere Aroma – **30 g Butter bei mittlerer Hitze schmelzen lassen, bis sie eine braune Farbe annimmt.** Dann die Nussbutter durch ein feines, mit einem Küchenpapier ausgelegtes Sieb passieren. Mit der Sahne zur Suppe geben.

Gebackenes Putenschnitzel mit Kartoffelsalat

von Bobby Bräuer

Putenbrust in vier gleichmäßige Scheiben schneiden und mit einem breiten Messer plattieren. Ei aufschlagen, geschlagene Sahne unterheben, mit einem Schuss Zitronensaft abschmecken. Fleisch salzen, pfeffern, in Mehl wälzen, dann in Ei-Sahne-Mischung wenden.

Mit den Bröseln panieren.

In einer Pfanne Öl und Butter auf mittlerer Stufe erhitzen, Fleisch darin auf beiden Seiten goldgelb braten. Herausnehmen und auf Küchenkrepp abtropfen lassen.

Kartoffeln mit Wasser bedecken, leicht salzen und mit dem Kümmel weich kochen, abgießen, schälen, in dünne Scheiben teilen.

Zwiebel in feine Würfel schneiden. In einem Topf Öl erhitzen, Zwiebelwürfel darin anschwitzen. Mit der Rinderbrühe ablöschen und um ein Drittel einkochen lassen. Mit Essig, Salz, Pfeffer und einer Prise Zucker abschmecken.

Sud über die warmen Kartoffelscheiben gießen, vorsichtig vermischen, abschmecken. Schnittlauch in feine Röllchen schneiden, über den Salat streuen.

Tipp: Fleisch dick mit Sauerrahm bestreichen, in Klarsichtfolie eingepackt 24 Stunden im Kühlschrank aufbewahren. Das macht die Schnitzel extrazart.
Wichtig: **Der Schuss Zitronensaft gibt der Panade eine frische Würze.**
Gut geeignet auch für Hähnchenbrust oder -keule.

Zutaten für
4 Personen

500 g Putenbrust
2 Eier
1 EL geschlagene Sahne
Zitronensaft
Salz, Pfeffer
50 g Mehl
100 g Semmelbrösel
Öl zum Braten
30 g Butter

Für den Salat
500 g Kartoffeln
10 g Kümmel
1 weiße Zwiebel
10 ml Öl
¼ l Rinderbrühe
Weißweinessig
Salz, Pfeffer, Zucker
20 g Schnittlauch

Zutaten für
4 Personen

¼ l Milch
150 g Mehl
325 g Heidelbeeren
Salz
100 g Zucker
Abrieb von
¼ Zitronenschale
(unbehandelt)
10 ml Rum
30 g Butterschmalz
20 g Puderzucker

Kleine Heidelbeerpfannkuchen

von Bobby Bräuer

Milch und Mehl verrühren. Heidelbeeren vorsichtig untermischen. Salz, Zucker, Zitronenschale und Rum zugeben.

Butterschmalz in einer Pfanne auf mittlere Temperatur erhitzen, Teig löffelweise einfüllen, kleine Pfannkuchen formen.
Wenn der Teig am Boden eine hellbraune Farbe annimmt, Pfannkuchen wenden und fertig backen. Herausnehmen, abtropfen lassen.

Mit Puderzucker bestreuen.

Tipp: Am besten griffiges, also gröber vermahlenes Mehl (Type 550) verwenden.
Das macht den Teig elastischer.
Eine Kugel Vanilleeis krönt den Pfannkuchen.

HANS-JÖRG
BACHMEIER
München

Ein Niederbayer tischt in der Kapitale Oberbayerns groß auf: Hans-Jörg Bachmeier, 43, verwöhnt die Münchner im Restaurant „Blauer Bock" mit einer klassisch französischen Cuisine, aufgelockert durch mediterrane Einspritzer und abgerundet mit einem kräftigen Schuss bayerischer Küche. Der Witzigmann-Schüler verbindet im Herzen der Landeshauptstadt, am Viktualienmarkt, die Moderne mit „Klassik und Tradition". Bachmeier haucht alten Rezepturen samt längst vergessenen Ingredienzien wieder Leben ein. Natürlich hat er beim Kochbuch mitgemacht, als sein großes Vorbild Eckart Witzigmann ihn um Mithilfe bat: „Wir wollten zeigen, dass mit einfachen Mitteln ein gutes Gericht auf dem Teller landen kann."

Gratiniertes Kartoffelpüree mit Kohlrabi

Kohlrabi putzen und schälen, zuerst in dünne Scheiben, dann in Rechtecke schneiden. Kohlrabigrün waschen, trockentupfen, kleinschneiden.

Kohlrabi in einem Topf in der Brühe und der Sahne etwa 20 Minuten dünsten, bis eine cremige Konsistenz entstanden ist.

Petersilie waschen, trockenschütteln, Blätter abzupfen und kleinschneiden. Mit dem Kohlrabigrün unter die Kohlrabi geben. Butter hinzufügen, mit Cayennepfeffer, Salz und Muskat würzen.

Für das Kartoffelpüree Kartoffeln schälen, vierteln und im leicht gesalzenen Wasser kochen. Abgießen, ausdampfen lassen und durch ein Passiersieb streichen. Milch aufkochen und unter die Kartoffelmasse rühren. Butter in Flöckchen unter das Püree schlagen. Püree mit Salz und Muskat abschmecken.

Kohlrabigemüse in eine Auflaufform geben. Kartoffelpüree darauf verteilen.

Mit Butterflocken und Semmelbröseln bestreuen und für ca. 30 Minuten im vorgeheizten Ofen bei 180°C goldgelb überbacken.

Tipp: Für die feine Note - **frischen Parmesan über alles hobeln, dann überbacken.** Passt sehr gut als Beilage zu Lamm oder Hackbraten.

Zutaten für
4 Personen

**Für das
Kohlrabigemüse**
2 mittelgroße Kohlrabi
25 ml Gemüsebrühe
25 ml Schlagsahne
2 Petersilienstängel
2 EL Butter
Cayennepfeffer, Salz
frisch geriebene
Muskatnuss

**Für das
Kartoffelpüree**
200 g mehlige
Kartoffeln
Salz
¼ Milch
120 g Butter oder
mehr nach Wunsch
Salz
1 Prise Muskat
20 g Butterflocken
30 g Semmelbrösel

Schweinekoteletts mit Knoblauch und Kümmel in Biersoße

von Hans-Jörg Bachmeier

Zutaten für
2 Personen

2 Schweinekoteletts
mit Schwarte à 280 g
(vor dem Halsansatz)
12 g Kümmel
3 Knoblauchzehen
1 EL Olivenöl
10 g Butter
½ EL Mehl
Salz, Pfeffer aus der
Mühle
120 g weiße Zwiebeln
40 g Möhre
40 g Stangensellerie
einige Petersilienstängel
1 Flasche dunkles Bier
1 EL frisch gehackte
Petersilie

Die Schweinekoteletts leicht anklopfen, die Schwarte mit einem spitzen, scharfen Messer in Abständen von ½ cm einschneiden

Den Kümmel mit einem Tropfen Öl benetzen und mit dem geschälten Knoblauch sehr fein hacken. Das Fleisch damit und mit etwas Olivenöl auf beiden Seiten einreiben, mit Folie abdecken, über Nacht kalt stellen und eine Stunde vor der Zubereitung aus dem Kühlschrank nehmen.

In einem ausreichend großen Bräter das Olivenöl erhitzen, Koteletts leicht mit Mehl bestauben und nicht zu heiß ca. 5 Minuten unter Übergießen anbraten. Wenden und nochmals ca. 5 Minuten braten. Dabei ist wichtig, dass der Knoblauch nicht verbrennen darf.

Zwiebeln schälen, halbieren, dreimal der Länge nach aufschneiden, zu den Koteletts geben und hellbraun anschwitzen lassen. Butter beigeben.

Möhre und Sellerie schälen, in feine Scheiben schneiden und mit den Petersilienstängeln zugeben. Hin und wieder löffelweise mit Bier ablöschen, mit Deckel abdecken und ca. 20 Minuten simmern lassen. Dabei öfter mit der Soße übergießen.

Fleisch herausnehmen, auf einem umgedrehten heißen Teller abgedeckt warm stellen.

Das Gemüse nun rasch einkochen lassen, einen Spritzer Bier, etwas heißes Wasser beigeben, diesen Vorgang zwei- bis dreimal wiederholen, bis eine kurze, kräftige Soße entstanden ist. Durch ein Sieb pressen, aufkochen, Koteletts beigeben, erhitzen (nicht kochen!) und dabei öfter übergießen. Petersilie einschwenken.

Tipp: Koteletts **erst marinieren,** dann anbraten und schließlich simmern!

75 g Schwarzbrotbrösel
60 g Rotwein
75 g Butter
75 g Puderzucker
1 Eigelb
2 Eiweiß
25 g gemahlene Nüsse
etwas Vanillezucker
1 Messerspitze
abgeriebene
Orangenschale
(unbehandelt)
1 Messerspitze Zimt

Süßer Schwarzbrotauflauf

von Hans-Jörg Bachmeier

Schwarzbrotbrösel in Rotwein aufweichen.

Butter mit Puderzucker und Eigelb schaumig schlagen.

Aufgeweichte Brösel unter die Masse geben.

Nüsse, Vanillezucker, Orangenschale und Zimt zugeben, unterheben.

Eiweiß cremig schlagen und unter die Masse heben.

Masse in Souffléförmchen füllen und im Wasserbad im vorgeheizten Backofen bei 180°C ca. 10 Minuten backen.

Tipp: Das Schwarzbrot sollte **sehr trocken sein, damit sich die Brösel gut mit Rotwein vollsaugen** können. Passt hervorragend zu eingelegten Früchten, Zwetschgen- oder Aprikosenkompott.

DIRK
BRENDEL

Duisburg

Er ist eine eingefleischte Ruhrpott-Seele. Nach längerer Wanderschaft durch exklusive deutsche Küchen zog es Dirk Brendel vor 20 Jahren in seine Heimatstadt Duisburg zurück. In der einstigen Stahl- und Zechenmetropole setzt der 47-jährige Küchenmeister mit seiner Frau seither im gleichnamigen Restaurant Maßstäbe. Kochen verbindet Brendel vor allem damit: „Innovation, Kreativität und die Liebe zum Beruf, um anderen Menschen ein Glänzen in den Augen zu entlocken". Als der Gastronom von der Idee hörte, ein Buch von Spitzenköchen zu Gunsten bedürftiger Rentner zu entwickeln, war er sofort dabei. „Das Projekt hat mich von Anfang an begeistert", meint Brendel.

Heringssalat mit Rote Bete

Zutaten für
4 Personen

4 Matjesfilets
300 g gekochte
Pellkartoffeln
150 g gekochte Rote Bete
1 dicker Apfel
2 Gewürzgurken
1 Zwiebel
4 EL Essig
4 EL Pflanzenöl
1 kleiner TL Senf
Salz, Zucker
Frischer Dill

Matjesfilets in Würfel schneiden.

Rote Bete, Apfel, Gurken und Kartoffeln in kleine Stücke schneiden. Zwiebel fein würfeln.

Alle Zutaten in eine große Schüssel geben.

Essig, Öl und Senf zu einer Marinade verrühren, mit Salz und Zucker abschmecken.

Über die Salatmischung geben, vermengen.

Einige Stunden, am besten über Nacht, abgedeckt an einem kühlen Ort ziehen lassen.

Mit einem Zweig Dill garnieren.

Tipp: Mit ein paar Scheiben Pumpernickel, mit Butter aufgestrichen, oder mit Kartoffelpuffer hat man eine solide Unterlage für den Salat.

Blutwurstpfannkuchen
mit Röstzwiebeln
von Dirk Brendel

Zutaten für
4 Personen

200 g Mehl
¼ l Milch
2 Eier
Salz, Pfeffer, Muskat
1-2 Zwiebeln
Öl
200 g Blutwurst
Mehl
Frischer Majoran

Mehl und Milch verrühren, Eier unterschlagen, mit Salz, Pfeffer und Muskat würzen.

Zwiebeln schälen, halbieren, in dünne Streifen schneiden. In einer Pfanne in heißem Öl anschwitzen, bis sie braune Farbe annehmen. Mit Salz und Pfeffer würzen, warmhalten.

Die Haut der Blutwurst entfernen, Wurst in ca. 1 cm dicke Scheiben schneiden. In Mehl wenden, in einer Pfanne in wenig Öl von beiden Seiten anbraten.

Teig hinzugeben, von beiden Seiten goldgelb backen.

Röstzwiebeln auf die fertigen Pfannkuchen verteilen, mit frischem Majoran bestreut servieren.

Tipp: Fischige Variante - anstelle des Weizenmehls Buchenweizenmehl verwenden.
Dann Stücke von **Matjesfilets statt Wurst verarbeiten.**

Zutaten für
2 Personen

2 Scheiben Kassler
(je 200 g)
200 g Berglinsen
1 Schalotte
2 Nelken
1 kleines Lorbeerblatt
1 Bouquet garni
(bestehend aus
Petersilienstängel,
Thymianzweig)
2 Knoblauchzehen
3 EL Olivenöl
50 g geräuchertes
Wammerl (Bauchspeck)
1 kleine rote Zwiebel
100 g Möhren
100 g Knollensellerie
2 TL Dijon-Senf
1 EL Tomatenmark
1 TL Balsamico- oder
Rotweinessig
Etwas Majoran

Kassler auf Berglinsen

von Dirk Brendel

Die Linsen in kaltem Wasser waschen und abgießen.
Die Linsen mit kaltem Wasser bedecken und zum Aufkochen
bringen, ca. 5 Minuten blanchieren, auf ein Sieb zum Abtropfen
schütten. Die blanchierten Linsen wieder mit Wasser bedecken
und langsam zum Kochen bringen.

Die Schalotte mit dem Lorbeerblatt und den Nelken spicken
und mit dem Kräutersträußchen und einer ganzen,
ungeschälten Knoblauchzehe beigeben.
Nicht salzen, erst in den letzten 20 Minuten.
Die Garzeit richtet sich nach der Qualität der Linsen: ca. 40 Minuten.

Wammerl in kleine Würfel schneiden. Die kleinen Würfel
vom Wammerl in 3 EL ÖL anbraten, die feingeschnittene
rote Zwiebel, Möhren-, Selleriewürfel und feingehackten Knoblauch
ca. 5 Minuten anschwitzen, das Tomatenmark mit anrösten.
Salzen, pfeffern.

Die fertig gekochten Linsen in einem Sieb abschütten.
Die Schalotte, den Knoblauch und das Kräutersträußchen entfernen.

Linsen mit Speck-Gemüsemischung in einen Topf geben,
mit Balsamicoessig und Senf pikant abschmecken.
Zum Schluss den Majoran beigeben.

Die Kassler-Scheiben mit 2 EL ÖL und etwas Butter
in einer Pfanne beidseitig anbraten.
Das Linsen-Gemüse auf einem Teller mit dem Kassler anrichten.

Tipp: Zusätzlich zum **Tomatenmark 1 TL Curry zur Würze** beigeben.

THIERRY
LEONCELLI
München

Er macht kein Aufhebens
um Amuse-Gueule oder
sonstige Feinheiten im
heutigen Gourmet-Zirkel.
**Thierry Leoncelli pflegt
die Bistro-Küche seiner
französischen Heimat:**
Gratinierter Ziegenkäse,
die Fischsuppe mit
original Rouille oder das
klassische Entrecote mit
Kräutern und Pommes
Rissolées finden sich auf
der Speisetafel in seiner
**Münchner „Brasserie l'
Atelier".** Der Bretone hat
„den Beruf und die
Berufung" von seinem
Vater übernommen.
**Eckart Witzigmann,
inzwischen Freund** und
eine Art „Vaterersatz",
habe ihn später stets
darin bestätigt, resümiert
der Gastronom.
„Ein Buch mit dem Chef
und dann für einen guten
Zweck – was könnte es
Besseres geben?"

Zucchini gefüllt mit Ziegenfrischkäse

Ziegenkäse mit den gehackten Kräutern,
Chili, Knoblauch und Olivenöl mischen.

Zucchini der Länge nach halbieren,
Kerngehäuse entfernen und kurz blanchieren.

Anschließend mit der Frischkäsemasse füllen und
im Backofen bei 180°C goldbraun backen.

Zutaten für
2 Personen

**200 g Ziegenfrischkäse
¼ Knoblauchzehe
¼ Chilischote
1 EL Olivenöl
¾ Bund Petersilie
Etwas frischer
Rosmarin, Thymian,
Majoran, Basilikum
1 Zucchini** (mittelgroß)
Salz, Pfeffer

Tipp: Serviert werden die gefüllten Zucchinihälften am
besten mit einem **gemischten Blattsalat.**

Rindfleischtopf
»Burgunder Art«

von Thierry Leoncelli

Möhre und halbe Zwiebel in kleine Würfel schneiden (Garnitur),
Rindfleisch in mittelgroße Stücke schneiden.

Öl in einem größeren Topf erhitzen. Rindfleisch darin von jeder
Seite ca. 3 Minuten anbraten. Eventuell austretende Flüssigkeit
vollständig einkochen lassen. Garnitur zum Aromatisieren
hinzufügen und mit anrösten.

Anschließend Mehl hinzugeben und gut vermischen,
Rotwein, Brühe und Tomatenmark zugießen. Knoblauch schälen,
hacken, mit Suppengrün hinzugeben.
Mit Salz, Pfeffer und Zucker abschmecken.

Topf mit Deckel verschließen und im Backofen bei 180°C
ca. 2 Stunden schmoren lassen. Zwischendurch immer
wieder umrühren.

Währenddessen Speck in Würfel schneiden, Champignons putzen,
ganz lassen. 75 g milde Zwiebeln in kleine Würfel schneiden,
mit Butter in einer Pfanne anschwitzen. Schweinespeck separat
kurz anbraten und abtropfen lassen. Dann wieder kurz goldgelb
anbraten. Champignons in derselben Pfanne anbraten wie den
Speck. So erhalten die Pilze das Aroma des Specks.

Geschmortes Fleisch vorsichtig aus der Soße nehmen und beiseite
stellen. Soße durch ein feines Sieb passieren und in den
Topf zurück gießen. Champignons, Speck und Fleisch hinzugeben.

Tipp: Das Fleisch zusammen mit Kräutern im Rotweinbad
zuvor über Nacht marinieren. Dann diese Marinade laut Rezept
statt Rotwein zum Aufgiessen verwenden.

Zutaten für
2 Personen

1 Möhre
½ Zwiebel
½ kg Rindfleisch (vom
Bug oder Rosenstück)
15 g Mehl
1 Suppengrün
½ l Rotwein (trocken)
200 ml Brühe
400 ml Tomatenmark
1 Knoblauchzehe
Sonnenblumenöl
Salz, Pfeffer, Zucker
75 g Schweinespeck
75 g Egerlinge oder
Champingnons
(am besten Egerlinge,
da sie am geschmack-
vollsten sind)
75 g milde Zwiebeln
10 g Butter

Für den Mürbeteig
125 gesalzene Butter
(Zimmertemperatur)
250 g Mehl
1 Ei
50 g Zucker
1 Prise Salz
etwas lauwarmes
Wasser

Für den Belag
1. Teil: Kompott
4 - 5 Äpfel
1 EL Zucker
Etwas Wasser
15 g gesalzene Butter
2. Teil: Belag
5 - 6 Äpfel
50 g Butter
1 EL brauner Zucker

Französische Apfeltarte

von Thierry Leoncelli

Butter in Stückchen teilen, mit Salz und Zucker
auf dem Mehl verteilen. Eine Mulde formen,
Ei und Wasser hineingeben. Alles zügig zu einem
glatten, homogenen Teig verarbeiten, daraus eine
Kugel formen und in einem sauberen Tuch
ca. 15 Minuten im Kühlschrank ruhen lassen.

Inzwischen für das Kompott Äpfel schälen,
in Würfel schneiden. Mit Zucker, Wasser
und Butter in einem geschlossenen Topf bei
mittlerer Hitze köcheln lassen. Leicht stampfen,
abkühlen lassen.

Für den Belag Äpfel schälen, halbieren und
in 2 - 3 mm dünne Scheiben schneiden.

Teig ausrollen, eine Tarte-Form damit auslegen.
Mit dem Kompott ca. 1 - 2 cm hoch auffüllen.
Mit den Apfelscheiben belegen.

Mit 50 g zerlassener Butter bestreichen.
Zucker darüberstreuen.

Tipp: **Boskop-Äpfel** eignen sich am besten zur Apfeltarte.

KONTAKT

Eckart Witzigmann

Thierschstraße 11
80538 München
Deutschland
www.eckart-witzigmann.de

Lichtblick Senoiorenhilfe e.V.

Balanstraße 45
81669 München
Deutschland
www.lichtblick-sen.de

MünchenVerlag GmbH

Fürstenrieder Straße 24
80687 München
Deutschland
www.muenchenverlag.de

Hans Haas
Restaurant Tantris

Johann-Fichte-Straße 7
80805 München
Deutschland
www.tantris.de

Karl Ederer
Restaurant Ederer

Kardinal-Faulhaber-Straße 10
80333 München
Deutschland
www.restaurant-ederer.de

Jörg Wörther
Primetaste OG

Buchenweg 10
5061 Elsbethen
Österreich
www.joerg-woerther.com

Martin Fauster
Hotel Königshof
im Restaurant Königshof

Karlsplatz 25
80335 München
Deutschland
www.geisel-privathotels.de

Herbert Hintner
Restaurant Zur Rose

Josef Innerhoferstraße 2
39057 St. Michael Eppan (BZ)
Italien
www.zur-rose.com

Andreas Mayer
Schloss Prielau
MAYERs Restaurant

Hofmannsthalstraße 10
5700 Zell am See
Österreich
www.schloss-prielau.at

Bobby Bräuer
Hotel Tirolia Golf & Ski Resort
Restaurant Petit Tirolia

Eichenheim 8
6370 Kitzbühel
Österreich
www.grand-tirolia.com

Hans-Jörg Bachmeier
Restaurant Blauer Bock

Sebastiansplatz 9
80331 München
Deutschland
www.restaurant-blauerbock.de

Dirk Brendel
BRENDEL Bistro • Restaurant • Catering

Kaiserstraße 81
47229 Duisburg-Friemersheim
Deutschland
www.brendel-gastronomie.de

Thierry Leoncelli
Brasserie l'Atelier - Art & Vin

Westenriederstraße 43
80331 München
Deutschland
www.atelier-artetvin.de